I0449350

Dario Asplanato

COSCIENZA FANTASMA

2016

Progetto Visione Globale

Prefazione

Questo libro è dedicato ai giovani e ai giovanissimi, è scritto in parole semplici e tratta di temi umanistici e scientifici.

Non vuole essere un trattato filosofico ma anzi cerca di dare spunti di riflessione su temi molto pratici che ogni ragazzo o ragazza crescendo deve affrontare.

Non dare le cose per scontate è un primo passo verso la crescita interiore che permette lo sviluppo di una personalità ad alta consapevolezza e altrettanto equilibrata.

Questo libro nasce con l'intento di offrire un diverso approccio e una nuova prospettiva al significato che ognuno di noi assegna a parole come Vita, Religione, Amore, Sesso, Politica.

Non è diviso in capitoli ma solo per argomenti, proseguendo la lettura dei primi tutti gli altri seguiranno un filo logico comune.

Tutto il libro è costruito sull'affermazione che la frase "sono cosciente dunque esisto" è falsa.

Per contro l'affermazione "io penso dunque sono" è vera.
Di questo parla il primo argomento ed è fondamentale per proseguire la lettura.

Il Pensiero e la Coscienza

La prima cosa da capire di noi stessi è chi o cosa siamo.

Il corpo che ci ospita è della specie homo sapiens ed è a tutti gli effetti, un animale, tendiamo a dimenticarlo perché la nostra coscienza lo ritiene diverso dagli altri.

È un errore comune, in realtà è la nostra coscienza a non essere presente negli altri animali.

Il corpo ha sue specificità ma rimane un animale.

Il corpo lo ereditiamo ovvero non è nostro, questo è un altro errore comune quando ci riferiamo al "nostro corpo", in realtà il corpo è dei nostri genitori.

Se vi guardate allo specchio, dovreste riconoscere le prove fisiche di quanto affermo.

Dovreste facilmente riconoscere i caratteri del volto di vostra madre e/o vostro padre.

Non si ereditano solo le fattezze esterne ma anche i difetti e i pregi dei corpi dei nostri genitori.

Senza fretta e senza apprensione, imparate come gestire al meglio ciò che finora pensavate fosse il vostro corpo e scrivetevi il vostro "libretto d'istruzioni".

Se i vostri genitori vi fisseranno con occhi spalancati non fatevi scrupoli e rivolgetevi ai loro medici curanti…

Scherzo… ora siete giovani e non ci pensate, ma il consiglio che la mia coscienza m'impone di darvi è che scopriate se soffrite di possibili malattie ereditarie, allergie o altro ma anche cose positive come immunità e anticorpi particolari.

Potreste aver ereditato un corpo che ha l'ansia di vostra madre o la dentatura di vostro padre, cui non si è cariato mai un dente in vita sua.

Se riuscite a prendere coscienza che il corpo non è il vostro, potrebbe venirvi voglia di scoprire quando ne avrete uno.

La risposta sembra semplice, quando avrete un figlio…

Il problema è che non potrete abitarlo perché sarà già occupato da un'altra coscienza… quella di vostro figlio…

La coscienza e il corpo che la ospita, sono di natura diversa…

4

Un qualunque corpo sia animale o vegetale oppure minerale come una pietra, per esistere ha bisogno di una massa, di avere un peso…

Di avere uno spazio da occupare e tempo per ambientarsi.

Il famoso scienziato Albert Einstein ha messo insieme queste condizioni con la formula $E = m c^2$ che un giorno studierete e capirete.

Per il momento vi basti sapere che la coscienza, ovvero ognuno di noi, sta inseguendo un corpo che non riesce a raggiungere.

La coscienza non ha corpo quindi non ha peso e non può esistere né tantomeno essere viva.

Non ancora.

Ma ognuno di noi pensa! Non è possibile che non esistiamo!

Io penso dunque sono!

È vero se si pensa, si esiste, infatti anche un animale esiste, riesce a pensare: di muoversi, di fermarsi, di giocare, di cacciare.

La coscienza è sapere di pensare.

Se un bradipo potesse dirsi "io penso dunque sono" manifesterebbe una coscienza e per l'homo sapiens potrebbe diventare un grosso problema.

In natura gli animali possono pensare esattamente come noi.

Posso definirlo "pensiero chimico" dettato dalla materia cerebrale che lo gestisce.

Che gestisce ogni animale quindi anche ognuno di noi.

Riepiloghiamo:

Pensiamo di essere vivi ma non è vero.

Pensiamo di avere un corpo ma non è il nostro.

Quando ne avremo uno, sarà occupato da un'altra coscienza.

La coscienza non esiste ma ognuno di noi s'identifica con essa.

Quindi, noi non esistiamo.

Il pensiero non ci identifica perché anche i conigli pensano.

L'homo sapiens che ci ospita potrebbe vivere senza di noi "pensiero cosciente"?

La risposta è sì, noi non siamo necessari all'homo sapiens, siamo noi che ci siamo impossessati di una specie animale con il passo dopo passo evolutivo.

Ora cercherò di farvi visualizzare la differenza tra pensiero animale e coscienza umana con l'immagine che più si avvicina alla forma e alla sostanza di cui siamo fatti.

Del fantasma esiste solo la forma.
La forma è il confine del pensiero chimico, la sua frontiera.
Il pensiero chimico ha radici profonde nella massa/lenzuolo e non con la forma del fantasma.
Un animale si riconosce nel lenzuolo.
Una coscienza riconosce se stessa nel fantasma.
Il fantasma non esiste…si manifesta.
Noi siamo solo manifestanti.

Per me è difficile spiegarlo meglio di così.

Sappiate che questo libro è imperniato su questo tema e i prossimi argomenti cercheranno di confermarvi questa tesi.

Alcuni scienziati hanno cercato attraverso esperimenti, di testare il grado di coscienza in diverse specie animali.

Potrebbe esservi utile cercare in internet i risultati di queste ricerche e confrontarle con la mia tesi.

In ogni caso imparate a conoscervi e a riconoscervi dove e come vi sentite più veri.

La coscienza è sapere di pensare, riconoscersi indipendentemente da cosa si pensa.

Il pensiero esiste in ogni animale e dunque è vivo.

Se il pensiero è vivo, deve avere una massa.

Il più piccolo pensiero chimico che si conosce è quello della cellula che genera un'altra cellula sdoppiandosi, così questo piccolo pensiero chimico è scritto nel DNA ovvero nel codice genetico della cellula. E' una capacità evolutiva.

Il pensiero chimico complesso è, come ho scritto, la frontiera della massa.

In qualunque animale la frontiera della massa è esplorata nel cervello, composto di miliardi di cellule.

Molto probabilmente è nel cervello che sono pensate le modifiche da apportare al codice genetico da trasferire alla prole.

La vittoria su un virus che poteva uccidere il genitore, la rinuncia a uno dei cinque sensi a favore della maggiore sensibilità di un altro, la capacità di saltare più in alto o in lungo trasformando la composizione dei muscoli.

Sono informazioni genetiche che devono essere trasferite alla prole e il cervello le scrive nella memoria chimica delle cellule.

Evoluzione è il termine che identifica le modifiche che possono essere realizzate dal pensiero chimico.

Progresso è il termine che identifica le modifiche che possono essere realizzate dalla coscienza in ambito sociale, politico, scientifico, economico e altro, non solo nella specie umana ma nell'intero ecosistema.

Il pensiero quindi è ancora legato alla materia e si può definire vivo.

Ma se la coscienza non esiste, allora come fa a manifestarsi nella specie umana?

Così come la natura si evolve creando domande e risposte, azioni e reazioni, cause ed effetti contemporaneamente, parte della risposta è già nella domanda.

Non esiste solo il cervello umano, ci sono migliaia di cervelli di specie diverse che hanno caratteristiche fisiche e chimiche paragonabili al nostro e come il nostro usano il pensiero chimico.

Ma non manifestano coscienza.

Per farlo, un cervello di specie diversa dalla nostra non dovrebbe essere fatto solo della stessa sostanza, dovrebbe ricreare anche la stessa struttura gerarchica delle cellule.

Struttura è il termine che identifica la coscienza nel cervello umano.

Una diversa disposizione gerarchica di cellule la cui probabilità di combinazione equivale a fare un 6+1 al superenalotto.

La razza umana deve solo sperare che nessun'altra specie vivente sul pianeta azzecchi una tale combinazione.

Se non avete visto il film "Il pianeta delle scimmie" non potete capire di cosa parlo, quindi guardatelo.

Il prossimo argomento non è più leggero…

Il Computer e l'Animale

In questo argomento cerco tutte le analogie tra il nostro corpo animale e l'invenzione forse più importante della specie umana.

Come un computer, un animale nasce o si accende prelevando energia chimica dalla madre e costruisce il suo corpo hardware.

Il DNA è il linguaggio di programmazione utilizzato per contenere le informazioni di BOOT (avvio)...

Da poche iniziali cellule la procedura scritta nel DNA usa il calcolo combinatorio per produrre altre cellule che costruiranno tutto il feto...

Spiego in modo più semplice che posso...

In una cellula che si sdoppia o "partorisce" una nuova cellula, resta traccia di essere stata madre.

La seconda cellula registra di essere "figlia".

Tra le due cellule esiste una connessione elettrochimica di mutuo riconoscimento.

Non solo la cellula "madre" comunica alla "figlia" ma attraverso le connessioni riesce a presentargli la "nonna" e così via...

Man mano che le cellule si sdoppiano, i collegamenti tra di loro aumentano in modo esponenziale, ma ogni cellula riesce a riconoscere la propria condizione e posizione gerarchica... quindi gruppi di cellule formeranno una mano, altre un piede ecc.ecc.

Sembra incredibile ma tutte le comunicazioni e i collegamenti tra tutte le cellule "parenti" seguono un rigoroso programma di avvio (BOOT) che è immodificabile... se lo fosse potreste nascere con un piede al posto della mano.

Quindi la natura, cellula dopo cellula aggiunge informazioni e connessioni per trasportarle...

La natura aggiunge (somma) o toglie (sottrae), non divide né moltiplica... questo è un altro argomento fondamentale sulla matematica che affronterò più avanti.

Il cervello è l'organo più complesso che nell'homo sapiens ospita la coscienza, ma in un animale ospita anche il Pensiero con la P maiuscola permesso dal pensiero chimico...

Miliardi di cellule connesse tra loro dal pensiero chimico che possono produrre "pensiero libero" ovvero non vincolato strettamente alla materia ma dipendente da essa... la frontiera del pensiero, che registra sull'hard disc un'infinità d'informazioni... alcune di esse diventeranno ROM (memoria residente) altre saranno cancellate nella RAM (memoria riscrivibile).

Il cervello è Il Processore.

Vita.exe è il sistema operativo.

Programmi scritti in linguaggio DNA sono gestiti dal pensiero chimico e sono del tipo cuore.exe o polmoni.exe...

Vita.exe è il sistema evolutivo... può apportare modifiche nella programmazione delle cellule aggiungendo o togliendo informazioni che saranno trasmesse alla prole...

Dai maschi, attraverso le cellule che compongono gli spermatozoi...

Nelle femmine, attraverso le cellule che compongono gli ovociti...

Altro argomento...

Vi basti sapere che il pensiero libero è in sostanza come lavorano insieme il pensiero chimico e le periferiche di acquisizione dati.

Le periferiche in un computer sono tipo: la stampante, il microfono o la webcam…

Le nostre periferiche sono Udito, Vista, Tatto, Gusto e Olfatto…

Come un qualunque hardware ha bisogno dei suoi driver, così le nostre periferiche si attivano grazie alle informazioni di avvio del sistema.

Non vi preoccupate… se doveste svenire, il sistema si riavvia… e cuore.exe e polmoni.exe non si fermano… la coscienza svanisce ma poi riappare proprio perché non è viva e non esiste.

Comunque pensateci… a non esistere ci sono vantaggi… non possiamo morire…

Altro argomento su teologia e religioni…

Continuiamo… con un'affermazione sulla coscienza: la coscienza è unica… semplicemente perché è una struttura.

Ognuno di noi si distingue dagli altri solo per le differenze nelle acquisizioni dei dati dai cinque sensi e dalle interpretazioni che il pensiero libero elabora e fa scrivere al pensiero chimico nella memoria.

Immaginiamo di nascere senza periferiche, il pensiero libero è vuoto, la coscienza non ha corpo...

Senza vista... niente luce

Senza olfatto... niente profumi

Senza udito... niente suoni

Senza gusto... niente sapori

Ma soprattutto senza tatto... niente spazio ovvero mancata percezione di massa... questo senso è sottovalutato ma è quello che ci rende individui con uno spazio/tempo... il tatto non è solo nelle dita ma ognuno di noi anche bendato, se usa una qualunque parte del corpo può riconoscere gli oggetti "a pelle" solo con il contatto...

In queste disgraziate condizioni ogni essere umano ha la stessa coscienza...

Non una qualunque ma proprio La Coscienza... ciò che gli scienziati definirebbero un Ente, ovvero qualcosa da cui si deriva... si proviene...

La Coscienza non riesce a manifestarsi... appena i driver si mettono a funzionare e le periferiche a inviare dati da elaborare al cervello, iniziano le diversificazioni tra gli esseri umani e la comparsa della Coscienza Individuale…

La Coscienza individuale comincia a manifestarsi ed è ciò che ognuno di noi percepisce come "me stesso"…

Il computer e l'animale hanno molte altre cose fondamentali in comune e le richiamerò in altri argomenti.

L'Incoscienza Sociale
e
la Coscienza Individuale

Il termine Incoscienza Sociale definisce lo stato di evoluzione raggiunto dalla natura sul pianeta.

Sociale… perché pur se inconsapevole unisce in un unico progetto evolutivo tutta la materia dell'universo e il tutto è interconnesso dal tempo e lo spazio.

L'Incoscienza Sociale è la forma più alta dell'evoluzione della vita sul pianeta Terra e naturalmente continua a evolversi.

Gli animali appartengono al mondo dell'Incoscienza Sociale…

Per comodità d'ora in poi userò C.i. per definire un essere umano e I.s. per definire tutto ciò che non ha coscienza.

Qualcuno potrebbe essere tentato di definire il mondo I.s. come tutto ciò che era prima del manifestarsi del mondo C.i., ovvero dell'apparizione dell'uomo…

In realtà siccome la C.i. non esiste il mondo I.s. non ne viene influenzato e continua il suo percorso…

Utilizzando ancora l'analogia con il computer…

Il programma Vita.exe è l'unica App che si espande nella memoria e utilizza i dati dalle periferiche per alimentare il pensiero libero.

Con il passare del tempo sempre più dati saranno immagazzinati e resi disponibili su sua richiesta.

Vita.exe acquisisce ciò che la C.i. definisce intelligenza, ovvero l'unione tra memoria, pensiero libero, pensiero chimico e coscienza.

Vita.exe in un animale non sviluppa intelligenza…

Intelligenza è una definizione C.i. e viene utilizzata in modo improprio per definire un animale…

Vita.exe in un animale fa acquisire facoltà… possono o no, essere utilizzate a seconda se gli stimoli che arrivano dal mondo esterno, elaborati dal pensiero libero, saranno giudicati utili o meno al processo evolutivo e quindi scritti dal pensiero chimico.

La differenza tra facoltà animale e intelligenza C.i. è la stessa che c'è tra il pensiero e il sapere di pensare.

Il programma Vita.exe è come se fosse scritto in linguaggio binario, ovvero, fatto di numeri 0 e 1 che come un interruttore della luce accendono o spengono un valore di memoria.

Miliardi di cellule nel cervello inviano o trattengono informazioni.

Come in un computer il sistema può definirsi a 8 bit o a 64 bit (indicativamente) dipende se si tratta di un insetto o di un elefante…

Questo è il mondo I.s.

Per quanto il pensiero insito nella logica del programma Vita.exe possa diventare complesso e raggiungere i 128 bit o i 32768 bit, non potrà mai superare i limiti del concetto di Vero e Falso, di 0 e 1, di acceso e spento, di cellula viva o morta.

Esattamente come un computer.

Sapete perché un robot non potrà mai raggiungere l'autocoscienza?

Perché è costruito come un animale…

Vivo o morto… Vero e Falso… 0 o 1…

Solo se un giorno la C.i. cominciasse ad esistere e implementasse in una macchina, ad esempio, il valore Dubbio, oltre a Vero e Falso, si potrebbe definire Coscienza

Creatrice e i robot potrebbero diventare i nuovi corpi delle C.i.

Immortali fino a esaurimento batteria...

Voi giovani C.i. magari non vi ricordate la serie Star Trek e il loro teletrasporto...

Ho sempre pensato e ora sembra sicuro che il teletrasporto di materia viva è impossibile...

Ma noi non siamo vivi...

Vedrete che ci troveremo bene anche in una lattina...

Tanto siamo già abituati al sesso virtuale...

A parte gli scherzi... la ricerca scientifica in modo più preciso e pomposo, sta esaminando tutte le possibilità per definire cosa sia la coscienza... e perché si manifesta.

Tornando a Vita.exe è doveroso fare alcuni esempi di come funziona il computer animale.

Vita.exe riesce, fra le altre cose, a fare muovere il nostro corpo, a farci afferrare gli oggetti o permetterci di allacciarci le scarpe.

Quest'ultima azione in una scimmia, come in un uomo, richiede che Vita.exe si sviluppi a molti bit...

Ovvero che l'informazione fondamentale, composta di semplici 0 e 1, siano in numero elevato e disposti nella giusta sequenza per ottenere il complesso numero di movimenti che le dita animali devono compiere per allacciare delle stringhe.

Fate estrema attenzione al prossimo passaggio che mostra la diversità tra una C.i. e una I.s.

In natura non esiste nessun animale che abbia interesse a legarsi le scarpe.

Questa frase si legge: la natura veicola Vita.exe a raggiungimenti di scopi lineari a sviluppo logico... se cambia l'ambiente l'animale cambia posto o si adatta tramite soluzioni generati da Vita.exe e tali soluzioni molto spesso sono solo accorgimenti per tentativi.

A volte sembra che le soluzioni applicate da un animale o anche da una pianta siano veramente ingegnose...

In realtà la causa e l'effetto hanno lo stesso grado di difficoltà o semplicità.

Ora voglio fare un'affermazione estrema: se è vero che la C.i. non esiste allora anche tutto ciò che ne deriva, non esiste.

Guardatevi intorno e scegliete un qualunque oggetto costruito dall'uomo.

Uno qualunque…

Nel mondo I.s. la natura non lo avrebbe mai realizzato… ma non solo…

Nel mondo I.s. quell'oggetto non è nemmeno riconosciuto perché realizzato con una logica non lineare resa possibile solo grazie alla C.i.

Avete presente il rinoceronte che si appresta a incornare un fuoristrada in Africa?

Lo vede spostarsi lo sente brontolare ma non lo riconosce, per lui sarebbe più coerente vedersi avvicinato da una massa composta di ossido di ferro, silice, petrolio ecc.ecc. ovvero da tutte le materie prime che lo compongono e che potrebbe riconoscere come naturali… invece si trova davanti un oggetto che neanche la natura sa cosa sia… parte alla carica e la incorna… non con rabbia… né eccessiva violenza… con curiosità quasi a volerne testare la natura… capire una reazione causa ed effetto…

Avete presente la mosca che vuole uscire dal portone a vetri del vostro palazzo e si ostina a dare testate o a zampettare su quella verticale lucida trasparenza?

Secondo voi la mosca è stupida?

Ho visto umani che per farla uscire gli soffiavano contro, spostavano aria con il braccio, per aiutarla la schiacciavano in un angolo e sembrava quasi che…, ma poi si rilanciava a testa bassa contro il vetro…

Ho visto umani smontare il portone o rompere il vetro e nel frattempo parlare alla mosca " …e esci su… dai… te ne vuoi andare…"

Causa ed effetto stesso grado di complessità o semplicità…

Causa: mosca contro vetro.

Effetto: umano che vuole aiutare la mosca a uscire.

Più l'uomo fatica a farla uscire più complessa è la causa che blocca la mosca.

La soluzione appare semplice... la mosca
vola verso la luce che disegna i contorni
di ciò che conosce... sa che volando
raggiunge il suo obiettivo fosse anche una
cacca di cane...

Se s'imbatte in una ragnatela, comprende
di essere in trappola e si dibatte fino alla
morte anche se il ragno non si
presenterà...

Il pensiero logico lineare genera azione e
reazione in eventi e situazioni che
parrebbero svincolati...

In natura una vecchia ragnatela
abbandonata dal ragno favorisce la fuga
dell'insetto intrappolato con il semplice
fatto che se la ragnatela è vecchia ha
perso viscosità e tenacità...

La mosca si agita la rompe e vola via...

Nel mondo I.s. non si spreca nulla e tutto
è collegato dal pensiero lineare, anche se
sembra più complicato quando assume
multi direzionalità.

Tornando al vetro... la mosca non lo
riconosce nemmeno come oggetto... non
solo non lo vede ma non essendovene
intrappolata "esce" dal suo pensiero

logico, ci passeggia sopra poi cerca un passaggio poi vola e ci ribatte contro… il paesaggio esterno lo conosce… conoscerebbe anche la minaccia di una ragnatela… natura fino alla fine… ma ciò che ha di fronte non esiste, non è naturale perché è un prodotto della C.i. non dell'I.s.

Solo un intervento esterno sblocca la paranoia della mosca… solo aprendo la porta, la mosca non vede più il paesaggio esterno e lo cerca in altra direzione… o esce dalla fessura tra la porta e il montante… o volando si rilancia verso l'esterno… naturalmente stessa situazione si ripeterebbe anche con un uccellino e il solito umano sarebbe capace di dirgli "…ma non lo vedi il vetro… stupido!"

Mosca e rinoceronte sono esempi di un'unica incoscienza sociale.

Molti libri sono ora disponibili, per approfondire l'argomento sulla coscienza animale nel mondo I.s.

La ricerca parrebbe portare a conclusioni clamorose, ed è utile per ognuno di voi, giovani C.i., approfondire questi argomenti… conoscere il proprio corpo animale che ci ospita è essenziale per l'equilibrio interiore… per decidere cosa faremo da grandi e con quali probabilità di successo.

Per il momento uscite da casa, se state leggendo questo libro all'aperto guardatevi intorno…

Le C.i. modificano la materia dandogli forme innaturali… tenete bene in mente questo: più la tecnologia è avanzata meno la modifica dura nel tempo.

Una delle opere umane più durature, che la C.i. ha fatto realizzare ai nostri corpi, sono le piramidi…

Bassa tecnologia… blocchi di granito posati una sull'altra… bravi… migliaia di anni…

Quasi tutte le opere meno durature che la C.i. ha fatto realizzare ai nostri corpi sono contemporanee e il trend sta accelerando.

Stiamo realizzando sempre meno cose per i nostri corpi e sempre più cose per la nostra C.i.

Al nostro corpo basta mangiare sano, bere pulito, dormire bene e avere un tetto sulla testa… e riprodursi…

A noi C.i. non basta più il nostro corpo… non potendo evolvere perché non siamo vivi… vogliamo progredire.

Siccome non riusciamo a esistere, ci rifugiamo nel virtuale:

realtà virtuale… amici virtuali… viaggi virtuali… moneta virtuale… sesso virtuale… ecc.ecc.

Forse il film Avatar è una prova generale di esodo…

Comunque dobbiamo essere sempre presenti a noi stessi e cercare la verità:

Una verità incontrovertibile è che la natura, ad esempio, non moltiplica e non divide… almeno fino a quando non è apparsa la C.i., sommava e sottraeva…

poi… qualche animale è diventato di affezione… altri si sono allacciati le scarpe… va bèh…

Le C.i. e la Matematica

Esempio: 10 conigli...

in natura 10 conigli possono diventare 9 se uno muore ovvero se 1 viene sottratto.

Stessa cosa se uno nasce, sarà aggiunto, e diventano 11.

La matematica umana dice che se prendiamo 5 conigli e li moltiplichiamo per altri 5 conigli otteniamo 25 conigli.

In natura rimangono sempre 10 conigli...

La matematica umana dice che se prendiamo 10 conigli e li dividiamo in 2 otteniamo 5 conigli...

In natura otteniamo 10 conigli morti...

o al massimo 5 coppie di conigli che si abbracciano forte forte...

I numeri che gli umani definiscono naturali, ovvero 1 , 2 , 3 , 4 ecc.ecc. per la natura lo sono fino al numero 9 poi il numero 10 non viene più riconosciuto perché definito con l'unità e zero... messi insieme per la natura sono un assurdo... l'unità può essere un coniglio, una cellula, o comunque una massa infinitesimale presente nell'universo... ma lo zero è il nulla e il nulla non esiste... non in natura... pensate al confine dell'esistente che dovrebbe essere il confine dell'universo... immaginate un granello di sabbia che si spinge oltre l'esistente... impossibile semplicemente perché con la sua presenza il nulla si è allontanato... il nulla è tutto ciò che non è ancora...

Una massa, un capello, un coniglio che si sposta verso il nulla non lo raggiunge mai perché semplicemente diventa...

Il nulla non esiste in natura e 1 coniglio diviso 0 conigli fa 1 coniglio... che è contento...

Per gli umani e la loro matematica fa infiniti conigli... impossibile... ma c'è una ragione.

La semplificazione... la natura segue delle regole ferree, non si muove foglia che la natura non voglia...

Di Dio tratterò più avanti...

Le C.i. hanno assunto il sistema numerico decimale ormai universalmente...

Il sistema decimale con l'uso dello zero è una forte semplificazione...

Con solo nove numeri e lo zero si possono scrivere e calcolare infiniti numeri...

C'è solo un problema… in natura tutti i numeri sono numeri primi, non esiste una cellula identica a un'altra, semplicemente perché occupano, ad esempio, spazio e tempo diversi…

In natura non esistono le divisioni ma le C.i. hanno definito che i numeri primi sono quei numeri divisibili solo per se stessi o l'unità.

I numeri primi sono tutti dispari tranne il numero 2 e sembrano scaturire tutti dal sistema decimale a caso, ma le ultime ricerche sembrano confermare che sono legate alla presenza del numero zero.

Se diventerete dei matematici o dei ricercatori scientifici, dovrete approfondire anche gli aspetti più inconsueti come questo: la semplificazione, nel linguaggio matematico adottato, permette di trovare soluzioni a problemi complicatissimi, ma nello stesso tempo genera problemi senza soluzioni perché un linguaggio semplificato della realtà non è la realtà.

Esempio di paradosso: in questo libro c'è almeno un errore, quest'affermazione può essere solo vera perché se non ci sono errori la frase "in questo libro c'è almeno un errore" è un errore.

Tutti i paradossi matematici del sistema decimale hanno origine con la scelta di utilizzare il numero zero e con esso la semplificazione 1 diviso 0 uguale a infinito.

Nella ricerca matematica pura la semplificazione genera effetti distorcenti tali che le correzioni da apportare sono sempre più complesse… e anche questo è un paradosso.

La matematica semplificata resta comunque la materia che più utilizzeremo nella nostra vita e, qualora non ci serva calcolare un salto spazio/temporale, è sufficientemente precisa…

Mi sto rendendo conto di cercare un punto fermo in quest'argomento…

Per la relatività di Einstein un punto fermo è un paradosso…

Avete presente la frase: fermate il mondo voglio scendere…

Immaginate di correre in senso contrario alla rotazione terrestre, immaginate di andare tanto veloci da sembrare fermi rispetto al pianeta… poi guardate in alto e vedete il sole e vi rendete conto che comunque gli state girando intorno… a questo punto dovete modificare direzione e velocità anche per essere fermi rispetto al sole… continuate a modificare direzione e velocità per ogni oggetto che si muove dell'universo fino a raggiungere un punto fermo rispetto all'esistente… a questo punto smettete di esistere e diventate una singolarità… il buco nero è una delle singolarità più famose e se questo mio paradosso fosse confermato, al buco nero potrebbe aggiungersi il "punto fermo".

Quello che voglio dirvi è che la C.i. ha potenzialità enormi e allo stesso tempo limiti disarmanti…

Non esistendo la C.i. non può intervenire sull'evoluzione ma può grazie al progresso modificarne il corso…

La matematica con tutte le conoscenze acquisite in campo scientifico può veicolare lo sviluppo di nuove specie viventi tramite la modifica del DNA.

41

Eppure la C.i. non può crearne di nuove… le può trasformare, separare, aggregare ma è sicuramente un gioco pericoloso che ogni tanto genera dei mostri…

È indubbio che noi continueremo a credere nel progresso ma è bene avere sempre presente il fatto che non possiamo evolvere e che solo i nostri corpi hanno questa facoltà o più precisamente la avevano…

Differenze tra Evoluzione e Progresso

La natura evolve usando lo spazio, il tempo e la massa.

È riduttivo dire che un sasso non è vivo, ha un suo spazio/tempo e segue le stesse leggi che governano le cellule di un cervello umano.

Ogni passaggio evolutivo è segnato da un'aggiunta o una riduzione.

La frase "nulla si crea nulla si distrugge e tutto si trasforma" definisce il significato di evoluzione.

Una pietra, un gas, la luce… ogni particella di materia è chiamata a definire il corpo chiamato universo. Le particelle hanno una funzione e un loro spazio/tempo esattamente come le cellule che compongono il corpo umano che si può definire un piccolo universo… non si tratta di sola analogia ma proprio dello stesso linguaggio di base che porta all'evoluzione…

L'evoluzione è una condizione non una volontà… il mondo I.s. è condizionato dalla sua stessa natura e cerca risoluzione… la risoluzione o il punto di arrivo dell'evoluzione è l'origine o ente creativo...

La natura né è involontariamente attratta e quest'attrazione è il motore che spinge l'evoluzione...

Ma a che punto è l'evoluzione?

Non confondete il mondo I.s. con il nostro... le C.i. non esistono e possono solo progredire e per il momento i due mondi sembrano avere in comune solo la destinazione e non il mezzo di trasporto.

Naturalmente il mondo C.i. vorrebbe esistere e quindi entrare nel mondo I.s.

Ma cosa succederebbe se ciò avvenisse? Negli esseri umani potrebbero svilupparsi, ad esempio, facoltà di pieno controllo delle funzioni vitali. La coscienza potrebbe ordinare a Vita.exe di uccidere tutte le cellule tumorali o malate presenti nel corpo o in caso di amputazione accidentale, di ordinare la rigenerazione dell'arto perso.

Chiaramente il mondo I.s. non ci percepisce e per il momento quindi non corriamo rischi di rigetto...

Sì, avete letto bene...

Non esistiamo e quindi non possiamo essere percepiti né come una minaccia né come una risorsa…

Tenete presente che noi siamo una "struttura gerarchica" in una specie I.s. e che teoricamente se il nostro corpo evolvesse abbandonando tale struttura per un'altra, considerata più adatta, non riusciremmo più a manifestarci.

Se ciò avvenisse, vorrebbe dire che la C.i. è un evento puramente casuale e non un percorso evolutivo.

Per nostra fortuna il sistema operativo è stabile e se non sarà la C.i. a modificare geneticamente il corpo che la ospita, non siamo a rischio estinzione.

Più complesso è comprendere perché dall'incoscienza sociale si è passati ad una forte coscienza individuale e non direttamente alla coscienza sociale.

Il mondo C.i. si appoggia al mondo I.s. e ne eredita parte dei pregi e difetti.

Una condizione in particolare sembra di vitale importanza ed è la sicurezza intrinseca.

I processi evolutivi non fanno passi più lunghi della gamba, non rischiano "salti nel vuoto", non generano mutazioni che possono minare la vita sul pianeta.

In questo senso anche la nostra specie non dovrebbe essere un salto nel buio.

Il protocollo di sicurezza intrinseca continua a funzionare anche per la specie umana, se il numero d'individui sul pianeta dovesse crescere e diventare insostenibile, la natura stessa interverrebbe ad esempio con epidemie.

La condizione di specie in cima alla catena alimentare, favorisce la guerra come soluzione finale, regolarmente perseguita dalle stesse C.i. da quando ci siamo manifestati nel mondo I.s.

Voglio ripetere un concetto fondamentale che ho solo accennato:

Il mondo I.s. non ci percepisce e quindi non attua contromisure.

La sicurezza intrinseca dei processi evolutivi ha sempre funzionato bene e sempre lo farà con ogni materia vivente.

Il mondo I.s. genera contemporaneamente domande e risposte

mantenendo in questo modo l'equilibrio tra tutte le specie viventi sul pianeta.

Se una specie si estingue, ne favorisce una nuova e il processo continua.

La natura evolve e pensa di avere il controllo anche della specie homo sapiens, ma in realtà l'ha solo del corpo.

Questo è il vero punto critico da esaminare:

Se la C.i. non esiste e non proviene da processi evolutivi a sicurezza intrinseca, allora può estinguere la vita sul pianeta.

Per quale motivo il mondo I.s. si sarebbe spinto a generare gli homo sapiens?

Normalmente le C.i. pensano di essere una naturale evoluzione della vita, ma troppi indizi affermano il contrario.

Non solo le C.i. sono pericolose per la vita sul pianeta ma la natura non le ha previste.

La natura non è in grado di formulare domande, ciononostante siamo stati l'ennesimo tentativo di ottenere risposte.

Le C.i. sono una risposta che il mondo I.s. non riesce a comprendere.

Ed ecco tornare il termine di frontiera del primo argomento trattato e il bisogno di comprendere da dove proviene la coscienza.

Chi ha fatto il primo passo di avvicinamento?

È la natura che si è inconsapevolmente avvicinata alla coscienza facendo il passo dopo passo evolutivo o è la coscienza che non vedeva l'ora di riuscire a manifestarsi?

Nel tentativo di dare una risposta, le C.i. hanno istituito tra le altre cose anche le fedi religiose.

Purtroppo con il passare del tempo le fedi si sono trasformate in culture e istituzioni politiche.

Queste sovrastrutture hanno minato la credibilità delle fedi e le hanno messe l'una contro l'altra.

Una volta gli homo sapiens adoravano qualunque cosa... il fuoco, una pianta, il sole...

Si stupivano di tutto ed erano rispettosi del creato...

Abbiamo vissuto un tempo in cui la ricerca del Creatore era entusiasmante e intellettualmente onesta…

Poi a un certo punto il numero degli umani sul pianeta sono diventati troppi e abbiamo incominciato ad adorarci tra di noi… fino al punto di farci la guerra.

Leggete e rileggete la frase appena scritta.

L'evoluzione, in modo naturale e nel solo mezzo che conosce, pone dei limiti alle specie viventi che si "allargano troppo" e cerca di mantenerle in equilibrio funzionale.

All'evoluzione non interessa il numero d'individui di una specie ma solo le loro qualità.

In natura tutto è finalizzato al solo scopo di tornare all'origine ovvero all'ente creativo.

Questo ente, alcune C.i. lo chiamano Dio altre lo chiamano Sapere e lo perseguono solo con la scienza.

Mi viene in mente un leone che sta per attaccare un uomo che lo punta con un fucile.

Il mondo I.s. attaccherà sempre, fino all'estinzione se necessario, solo nel tentativo di mantenere l'equilibrio delle forze in campo.

Finora l'evoluzione continua a sottovalutare l'homo sapiens, lo percepisce inerme e indifeso, con il tempo lo ha visto perdere l'olfatto, la vista, il tenore muscolare, il pelo e i capelli, quindi costretto a coprirsi di pelle altrui fino a coprirsi di derivati del petrolio... che schifo... e ora vive persino più a lungo anche se in vecchiaia...

L'evoluzione ha lasciato al suo destino l'homo sapiens, come direbbe uno sviluppatore di software "non sono più previsti upgrade e il sistema sarà abbandonato".

L'homo sapiens sta perdendo le capacità evolutive di auto guarigione e adattamento affidandosi ormai completamente al solo potere del progresso.

Le C.i. hanno conquistato una specie vivente e il mondo I.s. ha risposto:

"hai voluto la bicicletta, ora pedala".

Con il solo progresso dovremo affrontare la degenerazione cellulare della nostra specie: i tumori, le malattie ereditarie, quelle incurabili ecc.ecc.

Se in origine progredire ed evolvere si potevano dire sinonimi ora sembra sempre più chiaro che ci stiamo disumanizzando, non in senso dispregiativo, ma di logica del progresso.

La conoscenza presto ci permetterà di raggiungere la nostra vera essenza di "non vivi" ovvero di poterci manifestare anche in un supporto informatico in cui il sangue è sostituito da energia elettrica.

Supereremo perfino i limiti visti nel film Matrix, non avendo più bisogno di supporti vitali perché non siamo e non siamo mai stati vivi.

Le C.i. e il Sesso

Il sesso è un argomento che attrae più di altri l'attenzione, ma sarebbe meglio dire che le C.i. subiscono il fascino dell'arma evolutiva più potente in mano al mondo I.s.

Mangiare, bere e dormire sono funzioni di sopravvivenza naturali, ma per superare i limiti che presidia la morte bisogna riprodursi.

Nel mondo I.s. non solo l'istinto sessuale è il primo a nascere e l'ultimo a morire, ma è reso anche piacevolmente gratificante.

Per il proprio equilibrio interiore le giovani C.i. si avvicinano per la prima volta al sesso tramite l'autoerotismo o masturbazione.

È in assoluto il momento più importante di equilibrio tra la coscienza e il corpo ed è fondamentale capire l'atteggiamento da tenere nei confronti del "nostro" corpo.

Le giovani C.i. spesso subiscono e non interpretano i bisogni evolutivi e quindi mi permetto di scrivere alcune considerazioni che valgono tanto per i maschi come per le femmine.

Esistono due generali atteggiamenti autoerotici: transitivo e intransitivo.

Se volete introverso ed estroverso...

Egoista e altruista...

L'atteggiamento intransitivo porta alla soddisfazione del proprio bisogno vivendolo quasi in modo esclusivamente fisiologico, raggiungendo l'orgasmo come si ottiene la sazietà dopo aver mangiato.

Nell'autoerotismo intransitivo la C.i. interpreta il sesso come un bisogno utilitaristico o se volete egoistico.

Se la coscienza ha il controllo assoluto sul corpo fino al narcisismo, il suo peso arriva all'autosufficienza e l'orgasmo interpretato come massima espressione di autoaffermazione.

L'amore per se stessi come obiettivo e modo di vivere.

Nell'autoerotismo transitivo la coscienza interpreta il bisogno sessuale come un'occasione di comunicazione con il nostro "partner ideale", anche fino a raggiungere il transfert di immaginare il proprio orgasmo come il suo.

In pratica, appagare il desiderio altruista che per raggiungere il proprio orgasmo, bisogna far godere il nostro partner.

L'autoerotismo transitivo sprona a trasformare il desiderio in rapporto reale.

Se la coscienza ha il controllo assoluto sul corpo fino all'altruismo, il suo peso raggiunge l'indipendenza emotiva e l'orgasmo interpretato come massima espressione di comunicazione.

Tra questi due estremi esistono infinite sfumature e rispettivi equilibri interiori che regolano il grado di consapevolezza.

Va rilevato che comunque la coscienza e il corpo trovano sempre equilibrio, ciò che si sposta è il fulcro.

Se un giorno vi sentite euforici e il giorno dopo siete svogliati e depressi, significa che la vostra C.i. non è in grado di trovare equilibrio spostando il fulcro.

Questa capacità dipende dal grado di consapevolezza e controllo della C.i. sul "nostro corpo".

Ancora più precisamente dal modo in cui la C.i. è riuscita a "installarsi" nel corpo hardware.

Se l'installazione è avvenuta correttamente e con tutte le opzioni disponibili avrete il controllo e la possibilità di muovere il fulcro.

In caso contrario il vostro equilibrio interiore subirà sempre l'effetto altalena.

I serial killer o i potenziali suicidi e depressi cronici da una parte e il delirio di onnipotenza dall'altra sono esempi di eccessiva influenza di un mondo sull'altro senza la capacità di mediazione permessa dallo spostamento del fulcro.

Chi nasce serial killer ha l'istinto predatore del mondo I.s. che non separa il bene dal male perché per il mondo I.s. il bene e il male sono un'unica entità.

Quindi, nessun senso di colpa o quasi.

Chi nasce fondamentalmente depresso a causa di una parziale installazione della C.i. può arrivare al suicidio come soluzione equilibrante.

Il delirio di onnipotenza della C.i. può chiedere troppo al "nostro corpo" e provocarne la morte nei casi più estremi.

Eccessiva fiducia dei propri mezzi fisici e psicologici.

Perché è così importante l'autoerotismo per l'equilibrio interiore?

Perché l'autoerotismo dovrebbe sempre essere vissuto prima di iniziare ad avere rapporti con altri corpi.

Prima s'impara a capire come soddisfare il nostro corpo, cosa ci piace di più immaginare e pensare per raggiungere quello che nei maschi, come nelle femmine, è definito orgasmo.

L'orgasmo da autoerotismo è il più intenso dal punto di vista prettamente fisico, nell'atteggiamento transitivo il nostro immaginario partner ideale sarà sempre in simbiosi con noi e non ci deluderà mai, nell'atteggiamento intransitivo il problema non si pone.

Il termine autoerotismo è sbagliato perché presuppone un'attività in solitudine.

In realtà la coscienza e il corpo sono due soggetti diversi e quindi s'instaura un vero e proprio rapporto di coppia.

Chi riesce a vivere questa consapevolezza non soffre la solitudine del "single".

Nella nostra società è più frequente che sia richiesto alle ragazze di avere un corpo attraente.

Però il discorso vale per entrambi i sessi.

Se oggettivamente il nostro aspetto è brutto, nessuno si farà scrupolo a evidenziarlo con maggiore o minore sensibilità.

In questo come in quasi tutti gli altri casi relazionali siamo chiamati a dimostrare una forte personalità.

Accettare il proprio corpo e volersi bene, è essenziale.

Se noi per primi non ci riusciamo, non convinceremo nessuno a farlo al posto nostro.

L'autoerotismo transitivo associato a un forte equilibrio permette un corretto grado di autostima.

Ricordatevi che ogni femmina o maschio che incontrate per strada "legge" il vostro atteggiamento sessuale.

Per sviluppare la sensualità basta sentirsi goduti.

Nessuno può capire se il vostro appagamento sessuale è dovuto ad autoerotismo o avete appena finito di fare sesso con miss o mister universo.

Essere sensuale significa inviare questi messaggi non verbali: "ho appena finito di fare sesso ma ricomincerei", "mi piace fare sesso ma con chi e nel modo che voglio io", "mi piace sentire godere il mio partner".

Una cosa importante da capire: non è il nostro partner che ci fa raggiungere l'orgasmo.

È sempre la C.i. che permette al corpo di godere, se per qualche ragione la nostra C.i. non è completamente a proprio agio nell'abbandonarsi al piacere fisico, l'orgasmo non si raggiunge, questo vale anche per i maschi e il loro mancato stato di "eiaculatio felix".

Nei rapporti di coppia quindi si è in quattro, due animali e due C.i.

Avete presente due cani che s'incontrano nel parco al guinzaglio dei propri padroni? Ecco, il colloquio tra i padroni è preparatorio alla possibilità che entrambi decidano di sguinzagliare i rispettivi cani e di lasciarli esprimere i loro istinti.

Il miglior sesso che si può fare si ottiene quando la coscienza sgancia il guinzaglio in modo voluto e consapevole al proprio animale, sapendo che tornerà felice al suo controllo.

Il sesso è il più completo mezzo di comunicazione che possiamo usare come pretesto per conoscerci e farci conoscere.

Stare nudi uno di fronte all'altro non dovrebbe essere solo un atto di fiducia reciproca, ma una conferma di acquisizione di personalità non condizionabile.

"Io sono nuda/o di fronte a te ma non mi sento nuda/o perché sono consapevole di come sono e mi voglio molto bene comunque, questo rende più facile per te guardarmi con i miei occhi e vedermi come io vedo me stessa/o".

Naturalmente un poco di autoironia non disturba mai e saper sdrammatizzare gli imbarazzi delle prime volte stempera le inevitabili tensioni.

Le C.i. e l'Amore

Ho già accennato che nel mondo I.s. il bene e il male non esistono ma sono un'unica forza.

Le C.i. hanno reinterpretato l'esistenza attraverso una separazione, gli scienziati stanno cercando di capire se la coscienza è la causa o un effetto.

Il bene e il male in senso filosofico, o l'amore e l'odio in senso sentimentale, definiscono in parte cosa sono le C.i.

Parliamo di un caso su tutti: l'anima gemella.

Ogni C.i. identifica in modo soggettivo l'anima gemella e per poterne scrivere bisogna averne incontrata almeno una nella propria vita.

Non ha importanza dove, come, quando e perché…

Sono importanti solo le emozioni provate a conferma di trovarsi davanti ad essa.

A seconda se siamo più animali o coscienze potremo definirci innamorati o "in amore".

Se il nostro equilibrio ha il fulcro spostato verso l'animale e un atteggiamento autoerotico di tipo più transitivo, facilmente ci innamoreremo e saremo condizionati dal desiderio di accoppiarci, naturalmente non solo fisicamente, perchè nessuno di noi è solo un animale.

Se siamo sensuali e attratti in modo evolutivo dal nostro oggetto del desiderio, è più facile che nella nostra vita incontreremo l'anima gemella.

Più ci viene facile innamorarci, perchè ci piacciono tanti tipi diversi di corpi, più aumenta la percentuale di probabilità che l'animale che abbiamo di fronte ospiti ciò che definiamo un'anima gemella.

Per contro se siamo facili all'innamoramento, potremo non accorgerci della fortuna che stiamo vivendo.

Qualcuno di noi pensa che l'innamoramento non possa durare più di due anni, che lo stato di estasi fisiologico si consumi e si riduca con il continuo ciclo di desiderio e appagamento sessuale.

Quest'atteggiamento condizionato dalla natura evolutiva del rapporto, a volte non permette il contatto con l'anima gemella che potremo avere di fronte.

Tenete presente che noi non esistiamo, quindi neanche le anime gemelle esistono.

Le giovani C.i. subiscono l'appetito sessuale e solo dopo aver appagato i sensi riescono a trovare la lucidità necessaria per capire se è solo sesso o un rapporto "in amore".

Che cosa prova un autoerotico transitivo di fronte a un'anima gemella?

La prima sensazione è di piacevole sorpresa poi seguita da stupore incredulo nel comprendere che non si ha nessun desiderio sessuale perchè semplicemente la coscienza occupa velocemente tutta la memoria RAM per far elaborare a Vita.exe una miriade di sensazioni diverse e si resta come imbambolati.

Poi iniziano le prime risposte emotive consapevoli.

Una su tutte, la vivida, esistenziale certezza di transfert poi la percezione di espansione dei sensi, la possibilità che si possa manifestare la Coscienza Sociale, percepire ogni movimento della creatura che abbiamo di fronte come se fosse meravigliosamente il proprio, la sensazione che, anche se si morisse in quel momento, qualcosa di noi sopravvivrebbe in lei/lui: l'anima gemella.

Questo è l'amore evolutivo, non per scelta ma per condizione.

Quando l'anima gemella è del nostro stesso sesso, la si interpreta come amicizia empatica, stesse identiche sensazioni, tranne che dopo la consapevolezza non appare desiderio sessuale.

L'amore evolutivo esiste ed è vivo ma molto spesso per poterlo vivere si deve farlo inconsciamente.

L'amore cosciente della C.i. è sempre una scelta, genera soddisfazioni diverse, il sesso è consapevole e controllato, si sceglie volontariamente di sacrificare alcune proprie libertà per avere un rapporto di coppia.

Nessuno, me compreso, può dirvi cosa sia l'amore…

Ognuno vive reinterpretando le emozioni che vi ho descritto e ognuno ama in modo soggettivo.

Conta anche una certa predisposizione d'animo per essere in grado di percepire le anime gemelle.

Più si conosce se stessi e più ogni C.i. deve sforzarsi di spostare il fulcro verso il proprio animale.

La coscienza deve rimanere leggera e in equilibrio.

Le persone felici hanno la capacità di vivere l'esistenza sapendo muovere il fulcro tra coscienza e corpo senza mai oscillare.

Naturalmente è quasi impossibile riuscirci sempre, però la mia definizione di amore esiste tra peso e contrappeso.

Se avete già incontrato un'anima gemella, dovreste aver compreso che la vostra futura morte non sarà la fine di tutto.

Le giovani C.i. non pensano alla morte, non per esorcizzarla, ma per condizione evolutiva. Se un tredicenne pensasse al problema della propria morte, farebbe una vita miserrima (leggi: di merda).

Per fortuna l'evoluzione in questo ci aiuta ancora.

Purtroppo la coscienza deve imparare a convivere con la natura e quando una C.i. invecchia, per vincere la paura della morte, avere incontrato qualche anima gemella aiuta parecchio.

Ma perchè l'anima gemella, spesso non ci riconosce?

In pratica ci guarda come se vedesse un pesce lesso?

In realtà se la persona che abbiamo davanti ha un minimo di sensibilità e a sua volta ha avuto la stessa esperienza si accorge benissimo che ci ha fatto colpo.

Il problema è semplicemente che noi non esistiamo, ci percepiamo ma non ci possiamo toccare, solo i nostri corpi esistono e se non siamo attraenti, i collegamenti sono ricevuti come fastidiosamente deludenti.

Questo perchè ognuno di noi vorrebbe vivere una vera storia d'amore e quando si percepisce che è solo da una parte ci si arrabbia pure... per ragioni diverse, da entrambe le parti.

Torno a ripetere che noi C.i. non esistiamo e quindi non possiamo "comprenderci"...

I nostri corpi sono vivi e si "comprendono" in unione sessuale molto di più di quanto mai potremo fare con la nostra C.i. gemella...

I nostri corpi non sono mai soli, noi C.i. siamo isolate dalle altre potendo comunicare tra di noi solo tramite il corpo vivo ed esistente, ma non ci sentiamo sole perchè siamo separate ma perchè non siamo diverse...

La coscienza, non esistendo, può percepire la propria presenza anche in un altro corpo e questo le C.i. lo interpretano come "anima gemella" ma in realtà più che un transfert è espansione di consapevolezza.

Ma allora come sappiamo di amare o essere amati?

Chi si fa questa domanda è sempre una C.i., che non esiste, che separa il bene dal male, che si fa troppe domande, che si da troppe risposte, che non lascia vivere il proprio e l'altrui corpo... ecc.ecc.

Normalmente gli amori più belli sono quelli vissuti che lasciano ricordi indelebili.

Vita.exe li ha salvati nella nostra memoria come modus vivendi perchè ci rappresentano e definiscono ciò che siamo e non ciò che pensiamo di essere.

Sapere di amare pur essendo più importante di credere di amare, non sarà mai vissuto intensamente quanto chi non sa di amare ma ama e basta.

Nella vostra vita incontrerete ogni genere di persona e il rapporto che s'instaurerà dipenderà sempre dall'equilibrio tra corpo e C.i., esempio: una ragazza incontra un ragazzo, la ragazza riceve segnali dalla propria femmina che si accoppierebbe felicemente con il maschio che ha di fronte, la C.i. della ragazza naturalmente percepisce il desiderio e incomincia a farsi domande tipo "mi piace davvero questo qui?", "si veste sempre così?", "perchè guarda quella lì?", "se gli piace quella allora è un cretino sfigato oppure è solo una sua amica?"…

Si potrebbe andare avanti per ore ma il senso del discorso è che la C.i. condiziona ogni aspetto della nostra vita reale.

Una ragazza secondo la sua posizione sociale o delle sue ambizioni, potrebbe addirittura informarsi sullo stato patrimoniale di chi frequenta oppure essergli imposto dalla sua famiglia.

Esistono quindi sempre due piani a confronto: chi cerca la felicità evolutiva e chi vuole la felicità cosciente promessa dal progresso tramite la C.i.

Quando ci sentiamo felici, lo siamo veramente fino a quando la nostra C.i. si chiede se "siamo felici", non potendo "essere" non possiamo "essere felici" e a questo punto la C.i. prende il sopravvento e trasforma la felicità in soddisfazione, il sentimento in raziocinio.

Normalmente alle giovani e giovanissime C.i. viene chiesto dalle società in cui nascono, di imparare a sviluppare le potenzialità che possono alimentare il progresso.

Tutto quello che è insegnato, per il 99% è fatto per il progresso.

La maggior parte di noi C.i. è felice nei primi anni della nostra vita e poi al massimo si ritiene "soddisfatta" o "serena" con l'avanzare del tempo.

Un bambino piccolo che ride ci fa sentire felici e ridiamo con lui…

Un adulto che ride ci fa chiedere prima "perchè ride" e solo dopo ridiamo… forse…

Come ci si sente pronti a un rapporto d'amore?

Come si può accoppiarsi sessualmente in modo selvaggio e assolutamente appagante e subito dopo avere un atteggiamento coscienzioso?

Capire cosa sia la coscienza è molto più difficile che convivere con il "nostro" corpo. In fondo ognuno di noi è una casa e come in ogni casa, chi ci abita esprime un suo stile, ognuno di noi arreda con esperienze tutte le stanze e ogni oggetto racchiude un ricordo.

Quando s'inizia un rapporto con un'altra coscienza, è importantissimo impedire che si trasferisca nella propria casa interiore.

La nostra casa rappresenta il nostro equilibrio interiore e nulla deve interferire tra la nostra coscienza e il nostro corpo.

Se ciò avvenisse, si creerebbero delle dipendenze a volte così deleterie da portare al suicidio, nel caso di traumatica fine del rapporto.

È di vitale importanza quando s'inizia un rapporto, visualizzare noi stessi che chiudiamo a chiave la nostra casa e usciamo consapevoli che comunque vada potremo ritrovare tutto il nostro equilibrio come lo abbiamo lasciato.

Ricordatevi sempre che l'amore tra C.i. è diverso dall'amore evolutivo.

L'amore evolutivo è reale e universale perchè l'animale ama inconsapevolmente.

L'amore cosciente è una struttura e come tale costruisce il rapporto d'amore fin dalla scelta del colore della chiave che apre la nuova casa comune.

Qualcuno di voi potrebbe pensare che il vero amore e fondersi in un unico essere cosciente, che nulla nasconde e vive nella sincerità assoluta nel solco della frase "due cuori e una capanna".

Questo è assolutamente vero per l'amore evolutivo.

Per il bene delle due C.i. conviene che entrambe chiudano a chiave la rispettiva casa e insieme costruiscano da zero la "capanna" del loro rapporto.

Ricordatevi sempre che noi siamo "strutture" mentali e come tali possiamo fare un backup di noi stessi, costruire una capanna con un'altra C.i., conviverci importando tutto ciò che vogliamo ricreare dal nostro backup, creare nuova consapevolezza e scoprire e registrare nuove sensazioni per vivere in amore fino alla morte oppure…

Se le cose non vanno e inconsapevolmente il rapporto è già finito, prima che le C.i. lo ammettano solitamente si passa da una destrutturazione a una vera e propria distruzione della "capanna", litigando persino per chi si tiene gli inutili suppellettili acchiappa polvere.

Credetemi, sapendo di poter tornare nella vostra casa interiore, saprete gestire al meglio e con maggiore equilibrio qualunque esperienza sarete costretti a vivere, inoltre limitando al massimo il vostro e altrui dolore.

Le C.i. e la Politica

Anche se non sembra, la politica dice molto su cosa siano le C.i., la loro natura e destinazione finale.

Non è la politica a definire il percorso del progresso ma il contrario, la politica si adegua al progresso e non lo guida.

La coscienza è progresso e il progresso cosciente gestisce le C.i. e le loro scelte.

Tutte le culture, passate e presenti, hanno in comune il controllo della società separando il corpo dalla coscienza.

Ai giorni nostri la separazione è sempre più marcata e i corpi sono visti come supporti vitali alla coscienza e definite "consumatori" dal progresso economico, sociale e civile.

Le C.i. sono sempre più condizionate dalla loro "natura" e presto attraverso il progresso, potrebbe avvenire il distacco fisico tra corpo e coscienza.

Avrete già sentito parlare di governo unico mondiale, di geopolitica e riserve energetiche…

Molte C.i. pensano che dietro al progetto globale ci siano le grandi lobby e i poteri occulti.

Molto più facilmente dietro le politiche di massa delle C.i. c'è il nostro Ente ovvero la Coscienza.

La coscienza usa il progresso scientifico come l'evoluzione usa la natura per trovare il proprio Ente che oggettivamente si può definire "Creatore" o Ente Creativo.

Il termine Dio è un termine C.i. che non significa più niente perchè utilizzato per sostenere convinzioni di parte e addirittura contrapposte.

Le C.i. stanno perdendo potere in favore della Coscienza facendosi utilizzare dal progresso e subendone tutte le conseguenze.

Le C.i. non hanno scelta, devono progredire e il termine per definire questo processo si chiama Provoluzione.

Una parola che non esiste come non esistono le C.i. e la scelgo anche perchè definisce in parte la nostra superba ingenuità di provoloni.

Il processo in corso di disumanizzazione delle C.i. sempre in senso non dispregiativo, è evidenziato dalla crisi del leaderismo in tutto il mondo.

I Re, I Presidenti o I Dittatori che in tutto il mondo, a diverso grado, rappresentano il potere sulle C.i., sono superati dalla complessità e pervasione ad ogni livello del progresso tecnologico.

Le C.i. si illudono che il controllo, attraverso le informazioni, di tutte le C.i. del pianeta sia comunque gestito da altre C.i., in realtà è il progresso stesso a farsi sistema e ad autoalimentarsi.

Le C.i. premono sulla natura per esistere e la Coscienza preme sulle C.i. per espandersi e sopravvivere alla loro morte.

La politica in generale sta perdendo potere in favore di quello che chiamiamo il Libero Mercato che di libero ha ben poco.

Ma cosa davvero unisce tutte le C.i. del pianeta è il mercato dei Cambi monetari.

Chi gestisce le monete gestisce le politiche di ogni nazione e tutte le C.i. sono controllate da un sistema che loro stesse credono di aver scelto. In realtà è la Provoluzione che ha scelto come strumento più adatto ai suoi scopi, la matematica finanziaria. Naturalmente ci sono sacche di resistenza nella società delle C.i. che osteggiano la mercificazione di ogni aspetto naturale della nostra vita.

Il nostro destino non è segnato ma siamo in mano alla Provoluzione che davvero definisce ciò che stiamo diventando e traccia il cammino di questa tendenza.

Le politiche locali sono "rumori di fondo", persino le guerre tra nazioni o etniche nascondono le vere motivazioni del succedersi degli eventi. Singolarmente ogni C.i. genera un ciclo provolutivo.

Esempio: decido di mangiare tre volte al giorno alla stessa ora, di dormire di notte, di stare sveglio di giorno.

Questo micro ciclo, legato a una scelta di una singola C.i., è l'elemento di base di ogni macro ciclo delle C.i.

Il più famoso ciclo che si conosce e il più importante è il ciclo vita-morte.

Su questo ciclo è costruito e dipende qualunque altro ciclo.

In economia, in matematica, nel giardinaggio, in politica… tutti i cicli dipendono dalla durata di una singola vita a supporto di ogni singola C.i.

Negli ultimi secoli la durata della vita media di un essere umano è passata da 40 a 80 anni, non voglio essere preciso negli anni proprio perchè è ininfluente per l'esempio.

Tutti i cicli che attengono a qualunque attività delle C.i. si sono allungate, questo implica che non esistono cicli perfetti o matematici, ovvero che un evento si ripeta a scadenza regolare.

Ad esempio nella matematica finanziaria si fa spesso uso dei cicli per cercare di prevedere i movimenti di Borsa, ma non è vero che ogni 7 anni c'è un crollo o ogni 5 anni un nuovo rialzo dei prezzi.

In evoluzione tutti i cicli s'influenzano l'uno con gli altri in armonia esistenziale.

In Provoluzione tutti i cicli generati dalla presenza C.i. tendono alla perfezione utilizzando però strumenti semplificati come il sistema decimale in matematica.

Su tutto il pianeta non esistono due esseri umani che mangiano tre volte al giorno alla stessa ora, la stessa quantità, le stesse cose.

Solo la Provoluzione tende a fare esistere i cicli perfetti ma come affermo in questo libro, la coscienza non esiste e la Provoluzione per il momento viene sempre battuta dalla realtà evolutiva.

Anche la politica ha una struttura ciclica e le sue scelte influenzano i cicli di pace e guerra, espansione e contrazione economica, affermazione e negazione della realtà.

Per molte C.i. il ciclo provolutivo in politica è inaccettabile, esse credono che il progresso dall'anarchia alla dittatura alla democrazia sia un processo lineare e che le scelte politiche tendono sempre a migliorare le società che gestiscono.

In realtà la politica è sempre utopia ovvero l'ideale desiderio di realizzare qualcosa di buono e giusto vale solo in ambiente provolutivo ma non si applica mai fedelmente alla realtà ciclica dell'evoluzione, che come ho già posto l'accento, non percepisce nemmeno l'esistenza delle C.i.

Più le C.i. insistono nel volere ad esempio una continua crescita economica o di diritti democratici o in termini generici di Provoluzione, più la realtà evolutiva si riallinea in modo violento.

Esempio: che io sia nato in un regime democratico o in una dittatura la mia generazione non ha conosciuto altri regimi sociali è quindi più difficile che si sviluppi un ciclo evolutivo - rigenerativo che metta in discussione lo status quo.

Però lo status quo è provolutivo e com'è finito il Sacro Romano Impero, terminerà anche il regime dittatoriale della Corea del Nord, ma non perché sia un regime ingiusto o sbagliato, ma perché condizionato alla realtà evolutiva.

Anche in questo senso l'evoluzione è una valvola di sicurezza per alcune C.i. mentre per altre è un limite da superare con la Provoluzione.

Posso darvi per certo che nel nostro futuro ci sarà il governo unico mondiale, ma in quale forma e sostanza, se democratico o dittatoriale, la sua durata dipenderà dal rispetto che avrà dei cicli evolutivi.

Le C.i. e la Singolarità

Ogni volta che si nasce, la Coscienza deve ricominciare tutto da capo.

Può manifestarsi come C.i. ma non ricorda nulla delle esistenze passate.

Mentre l'evoluzione scrive nelle cellule ciò che è stato e lo tramanda alle nuove generazioni, le C.i. sono passate dai graffiti sulle rocce ai libri fino ai data server.

Le C.i. hanno una fame smisurata di memoria dove registrare il sapere acquisito.

Il sogno della Coscienza è manifestarsi in una C.i. che sa tutto quello che si è imparato in generazioni e quindi riesca a tramandarlo alla prole come l'evoluzione.

Potrà mai succedere?

Per logica parrebbe di sì, perché già successo in passato e proprio con il manifestarsi delle prime C.i. nei nostri antenati.

Supponiamo che in una qualunque specie vivente, anche per errore o difetto, avvenga una mutazione genetica in questo caso di "riduzione", se fosse una modifica apportata dal pensiero chimico sulle cellule riproduttive, sarebbe di "adduzione".

L'evoluzione può apportare solo modifiche di adduzione, se no, potrebbe involvere, la riduzione è sinonimo di estinzione o "rischio morte".

Esempio: una lucertola nasce senza zampe, se vuole sopravvivere, deve adattarsi e strisciare come un serpente e alimentarsi.

Se trova equilibrio esistenziale può tentare di riprodursi, se trova una compagna di bocca buona, potrebbe far nascere un certo numero di lucertole senza zampe che accoppiandosi tra di loro, potrebbero rendere permanente una variante della stessa specie.

Normalmente questo non avviene e le modifiche per riduzione portano alla morte e non a un capostipite.

Però questo processo potrebbe spiegare il manifestarsi della C.i. nei nostri antenati.

All'apparizione del paziente zero, come lo chiamerebbe un virologo, i suoi simili, potrebbero averlo preso per strano, assente, distolto, uno che "pensava troppo".

Nascere con la C.i. non è come nascere senza zampe e la sopravvivenza è stata evidentemente assicurata.

La mia ipotesi è che la C.i. sia una risposta di adattamento a una modifica genetica di riduzione intervenuta nel pensiero chimico al momento della scrittura cellulare proprio di quelle informazioni che servono per generare il cervello.

Ma perchè di genetica di riduzione e non di adduzione?

Per esclusione... i fatti ci dicono che nelle altre specie non si sviluppa coscienza evidentemente perchè l'evoluzione normalmente adduce modifiche coerenti.

Non interpretate male le mie parole, non sto dicendo che le C.i. sono un errore ma se siamo una casualità, per il nostro bene è meglio che resti irripetibile per questo pianeta.

Se è vero che la storia si ripete in forma ciclica, anche se in varianti sempre diverse, vuol dire che anche ai giorni nostri vivono C.i. con particolari facoltà o difficoltà che possono aver aperto una finestra sul nostro Ente: la Coscienza.

Per fare alcuni esempi: gli sciamani, Gesù, Maometto, i medium, gli empatici, i geni, Padre Pio, Natuzza Evolo ecc.ecc. li metto in ordine sparso perchè comunque mancano elenchi di quelli viventi e riconosciuti importanti e genuini.

Di queste C.i. viventi o vissute colpisce una somiglianza: tutte a seconda del luogo e società di provenienza sviluppano un linguaggio coerente, ovvero a uno sciamano o a Maometto difficilmente avremmo visto spuntare le stigmate.

La Coscienza sta premendo sulle C.i... quando e se i bambini Indaco saranno realtà allora ci avvicineremo alla C.s. ovvero la coscienza sociale.

Per chi non lo sapesse, i bambini Indaco sono le nuove generazioni che sviluppano particolari qualità empatiche o precognitive.

Quindi?

Quando una C.i. di questo tipo diventerà capostipite forse avremo l'umanità 2.0

fino ad allora cerchiamo di non estinguere l'umanità 1.0 e noi con essa.

Capacità intrinseche I.s.
contro
Capacità estrinseche C.i.

Sembrerebbe uno scontro impari in favore delle C.i. eppure ci sono capacità I.s. ineguagliabili.

Una di queste è il nuoto sincronizzato che porto ad esempio per sottolineare che il mondo I.s. e il pensiero chimico evolutivo per molti aspetti domina.

Per ottenere la perfezione dei movimenti di un branco di sardine le C.i. devono studiare e nuotare insieme anni.

Nei formicai non ci sono cartelli stradali o semafori ma il traffico è sempre fluido. Immaginatevi una città senza nomi delle strade né semafori, né tomtom.

L'energia che il mondo I.s. utilizza per esistere è infinitesimale rispetto a quella necessaria al mondo C.i., ultimamente si sono scoperte correlazioni tra estrazioni petrolifere e terremoti ma già usando il buon senso si poteva intuire che togliendo qualcosa a una profondità di due/tre chilometri si provoca una depressione che prima o poi la crosta terrestre tende a compensare.

Le attività umane sul pianeta sono molto meno efficienti di quelle della natura, i cui parametri sono intrinsecamente molto elevati perchè uniti da un processo evolutivo estremamente vincolante.

Purtroppo le C.i. tendono a estrapolare dal contesto i traguardi raggiunti dal progresso non essendo capaci di collegare i puntini dello schema provolutivo che al momento subiamo più che gestirlo.

Il mondo I.s. si muove inconsciamente in modo collettivo, il mondo C.i. si muove coscientemente in ordine sparso e egoisticamente individuale.

Se non avete intenzione di darvi al nuoto sincronizzato posso suggerirvi un espediente per scoprire se potete ampliare le vostre conoscenze.

Imparate da voi stessi, ingannando il vostro cervello, facendogli credere di sapere già le cose.

È un piccolo espediente che tutti gli studenti già conoscono, ma voglio spiegare in che modo funziona.

Dovete dare un esame, un qualunque esame e avete poca memoria per argomenti che non v'interessano e sono stati spiegati da una prof con una voce stridula o un prof con un tono di voce che agevola il letargo.

Dovete attuare una "reverse engineering", una ingegneria inversa.

Normalmente ognuno di noi pensa con la propria voce, il nostro cervello elabora il pensiero e lo traduce simultaneamente rendendolo disponibile alla nostra C.i. in quello che si può definire il nostro personale "linguaggio macchina" che richiede il minimo di risorse per ottenere la massima efficienza.

Cosa lo rende così veloce è la nostra voce, quella che sentiamo uscire dalla nostra testa non quella registrata con un microfono, che sì, sappiamo che è la nostra, ma noi non ci sentiamo così.

Procuratevi un sintetizzatore di voce, anche solo software, cercate di sintonizzare la vostra voce di testa con quella che esce dagli altoparlanti, se siete fortunati potrebbe bastare regolare i toni alti e bassi.

Più sarete pignoli, più sarà efficace il vostro "linguaggio macchina".

Ora non dovete fare altro che registrare il testo d'esame avendo l'accortezza di seguire queste indicazioni: dovete leggere senza tentennamenti né pause di ragionamento, in modo chiaro e fluido come se fossero parole pensate ed elaborate dal vostro cervello e uscite dalla vostra bocca.

Mettetevi in cuffia e ascoltatevi ciò che sapete…

Anche senza concentrarvi il vostro cervello riceverà queste nozioni come proprie e le registrerà come flashback ovvero come un ricordo rievocato dalla memoria profonda, quella ROM… quella consolidata… non quella RAM in attesa di elaborazione che potrebbe poi essere dimenticata.

Questo metodo è ottimo per imparare anche una lingua e la sua pronuncia con le stesse accortezze.

Acquistate un dizionario ridotto inglese/italiano e provate ad assimilarlo semplicemente leggendolo.

Non leggete "love significa amore" o "home significa casa", il vostro cervello non pensa così ma traduce istantaneamente la parola che conosce quindi dovete leggere "love amore" e "home casa" lasciando solo un po' più di tempo tra una coppia di parole e l'altra.

Ma la cosa più importante è leggere la traduzione con enfasi come se già si sapesse e con tono da "questa la conosco già".

Le C.i. e il Cibo

Il cibo è tutto ciò che può essere mangiato e digerito fosse anche vetro o veleno.

Questa è la definizione di cibo per la provoluzione.

In senso evolutivo il cibo è tutto ciò che è naturale e non contaminato dall'intervento C.i.

La catena alimentare che definisce i rapporti tra le diverse specie viventi è il metro di comparazione che l'evoluzione usa per definire cosa è cibo e cosa non lo è.

La C.i. colonizzando il cervello di un animale, è riuscita a spostarlo in cima alla catena alimentare strappandolo dalle fauci dei predatori naturali che si alimentavano dei nostri progenitori.

Questo avanzamento in cima alla catena alimentare, non è l'unico spostamento che la C.i. ha provocato nelle regole evolutive, si dice che ogni specie vivente è cibo per un altra.

Nelle regole evolutive sono contemplati anche i modi e i tempi della morte.

Si può morire come cibo, per fame, di vecchiaia, di malattia e in modo accidentale.

Le C.i. hanno aggiunto altre tipi di morti, la più banale è la morte inutile, quella provocata per divertimento o solo per volontà di farlo.

A una I.s. come il gatto può capitare che giochi istruttivamente con la vita di un topo, lo cattura, lo tiene per la coda, lo libera e lo ricattura, ma se non ha fame la morte della preda può essere accidentale o finalizzata.

Accidentale, se la ricattura è eccessivamente violenta, ma spesso se la cattura non è finalizzata alla sazietà, la preda è lasciata scappare senza ulteriore inseguimento.

Finalizzata, insegnamento o apprendimento e non di rado comportamentale, quando interagisce con una C.i. lasciando la testa del topo sulla soglia di casa.

Ho utilizzato come esempio un animale domestico per sottolineare i condizionamenti C.i. nel mondo I.s.

Normalmente in evoluzione la morte per suicidio è sempre indotta mentre per le C.i. è sempre volontaria.

Il tipo di morte più subdola che le C.i. hanno aggiunto all'elenco evolutivo è la "non morte" o "oblio esistenziale".

Immaginate un leone che cade in un crepaccio che lo isoli da acqua e prede per cibarsi, il suo destino è segnato e la morte sopraggiunge tanto velocemente quanto più energie il leone spende per tentare di arrampicarsi, nei tentativi ricade e si ferisce e accelera il momento della morte.

Nonostante l'evoluzione segua regole ferree, non infierisce mai oltre misura mantenendo sempre in naturale equilibrio il rapporto vita/morte unendoli insieme perchè sono la stessa cosa.

Sono le C.i. che interpretano la vita e la morte separate dal tempo che intercorre tra i due eventi: nascita e morte.

L'incoscienza sociale non ha bisogno di misurarsi con il tempo perchè non ne ha coscienza, è il tempo che si manifesta come misura dell'evoluzione.

Altro argomento...

Una "non morte" classica sono gli zoo, animali chiusi in gabbia alimentati artificialmente da C.i., un completo nonsense evolutivo, dove una I.s. viene spezzata dallo strappo evolutivo e dalle sue leggi.

Altra "non morte" classica sono gli allevamenti in batteria di animali a uso cibo per umani, esseri "non vivi" per l'evoluzione.

In linea di principio anche gli animali detti di affezione come cani, gatti, tartarughe, conigli, cavalli ecc.ecc. sono a vario grado allontanati dalle regole evolutive e più sono collegate empaticamente a una C.i. più ne diventano dipendenti al punto di diventare a volte conflittuale il rapporto tra il mondo C.i. e il mondo I.s.

Cani alla catena che azzannano per uccidere i bambini dei padroni, animali che si lasciano morire di fame, gatti che si lanciano dal terrazzo del quinto piano, sono solo esempi estremi, ma comunque evidenti, il rapporto complesso e complicato tra i due mondi.

Il cibo nel mondo I.s. è ambientale e ogni specie vivente ne usa e ne è usato, il predatore di una è la preda di un'altra, nel mondo C.i. il cibo è irriconoscibile essendo diventato un prodotto composto da altre C.i. che spesso dichiarano che non se ne ciberebbero neanche morte.

Le C.i. hanno perso le facoltà evolutive di comprendere se il cibo che hanno di fronte è commestibile, in più anche gli alimenti che riconosceremo come vegetali o animali sono trattati con additivi o modificati geneticamente.

Anche le verdure coltivate in orti e apparentemente naturali potrebbero essere contaminati da fertilizzanti nocivi e quindi il cibo dipende comunque dalla fiducia in altre C.i.

Il cibo è quindi stato snaturato e allontanato dai processi evolutivi e dal controllo di qualità a sicurezza intrinseca, garantito dal mondo I.s.

Naturalmente il discorso è solo per rilevare i rischi connessi alle attività delle C.i. e in generale, all'inquinamento da esse apportato nei processi evolutivi.

Per inquinamento non s'intende, quindi, solo quello ambientale, ma più pericoloso e pernicioso il significato di progresso in forma e sostanza, come sinonimo.

Il progresso è l'inquinante del mondo I.s., ne modifica i valori e le qualità, genera ibridi vegetali e animali che sarebbero destinati all'estinzione senza l'intervento delle C.i., anche solo attraverso una selezione o una modifica ambientale le leggi evolutive vengono piegate all'interesse provolutivo.

Saturazione evolutiva
contro
Espansione provolutiva

La saturazione evolutiva si evidenzia con un rallentamento della velocità nella generazione di nuove specie viventi.

Sul pianeta terra dopo un periodo di gestazione molto lungo, qualche milione di anni fa, grazie all'ossigeno, la vita, come la conosciamo adesso, trovò il mezzo per espandersi velocemente.

Il periodo di gestazione ha scritto le regole che hanno permesso di scardinare i vincoli evolutivi condizionati dallo status quo precedente.

Ricordiamoci che anche una pietra è potenzialmente viva.

Il tempo e il movimento non sono un problema per il mondo I.s., basta la materia e la sua energia potenziale, e prima o poi, la pietra si può trasformare in farfalla.

Questo è avvenuto e la vita ha colonizzato il pianeta sfruttando tutte le occasioni di sviluppo possibili.

E ora?... ora la vita arranca e fa resistenza di posizione, le leggi evolutive intrinseche rallentano l'autorigenerazione e impediscono l'autodistruzione.

In quest'ambiente è apparsa anche la C.i., forse come uno dei tanti tentativi da parte dell'evoluzione di continuare a espandersi anche subendo tecniche di riduzione a rischio estinzione, di cui ho già accennato. La comparsa della C.i. in questo contesto può aver fatto trovare una valvola di sfogo alle pressioni evolutive che appare evidente non potrebbero mai espandersi oltre i confini del pianeta.

Ho scritto che l'evoluzione è in viaggio verso l'origine da cui tutto ha avuto inizio, il punto di creazione, la forza creatrice o Dio, in termini religiosi.

Immagino che ognuno di noi si sia chiesto perchè le leggi della fisica siano quelle che sono, e hanno messo migliaia di anni luce di distanza tra un pianeta e un altro.

In tutti questi pianeti, siano meno o più evoluti del nostro, si affronterà la saturazione, e lo status quo sarà di nuovo scardinato forse grazie alla comparsa della C.i. e alla scrittura di nuove regole provolutive, adatte ad affrontare i viaggi interstellari e intergalattici.

Personalmente penso che la nostra natura rimarrà su questo pianeta e il grande viaggio sarà affrontato da computer coscienti che trasporteranno il nostro patrimonio genetico in giro per l'universo, alla ricerca di un pianeta ospitale da colonizzare, comunque anche l'idea consolidata di navi spaziali alla Star Trek non è male.

La saturazione evolutiva spinge a soluzioni di frontiera.

Immaginate l'universo come una pianta e il big-bang come le sue radici, il tronco e i rami come lo spazio e la materia, con i suoi miliardi di galassie, fino ad arrivare ai suoi fiori ovvero ai pianeti saturi di vita.

Il nostro pianeta è fiorito e continua a fiorire, ma i suoi frutti solo in parte sono generati per alimentare se stesso.

Il ciclo deve chiudersi con il frutto che cade e ritorna alle radici, i semi trasportati siamo noi C.i.

Se come credo, il mondo I.s. ha regole evolutive ineludibili allora la struttura dell'esistente è applicabile in ogni sua parte, sia nell'infinitamente grande come l'universo o nelle dimensioni di un pianeta.

La provoluzione è il nostro frutto in maturazione e nessun frutto rimane per sempre attaccato alla pianta, prima o poi, i semi vengono liberati.

Le C.i. e il Tempo

La coscienza non invecchia e tutto ciò che non invecchia, non esiste.

La struttura gerarchica di cellule nel nostro cervello non decade mai, cosa degenera è l'insieme di cellule che la compongono, per vecchiaia, per malattie come la demenza senile o vascolare da ictus.

Che si abbia sei o novanta anni, la C.i. si manifesta pienamente grazie alla sua struttura.

Una pietra invecchia perchè ha semplicemente una massa e quindi è soggetta a forza gravitazionale e potenziale che su un tempo infinito la consumano modificandola e trasformandola.

Il nostro corpo subisce le stesse forze ma chiaramente per morire basta molto meno impegno, il nostro si chiama tempo limite ed è definito con la struttura DNA della nostra specie.

Per quanto noi possiamo mangiare e bere sano, dormire bene, fare attività fisica o rallentare il nostro metabolismo per risparmiare energia, non possiamo superare il limite organico cellulare e il suo decadimento.

Però questo vale in evoluzione, se sei un felino come il puma, ti muoverai molto velocemente per nutrirti consumando molte energie, il tuo metabolismo accelerato detterà il tempo limite della tua vita.

Se sei una pianta, puoi vivere secoli ma anche una tartaruga non scherza a longevità.

In natura quindi esiste una relazione tra tempo, movimento e metabolismo.

Queste relazioni cambiano di valore per ogni specie vivente e determinano il tempo limite.

Le C.i. sono ospitate nei corpi umani e tramite la provoluzione continueranno ad allungare il tempo limite con lo scopo preciso di aiutare la Coscienza a manifestarsi o comunque a trovare un mezzo per superarne i limiti.

Ma quale relazione c'è tra il tempo e la coscienza?

La coscienza e il tempo non esistono, una è senza tempo e l'altra è una misura relativa ed entrambe si manifestano.

La coscienza e il tempo derivano dall'ente creativo o comunque sono molto vicine al mistero della creazione.

Il tempo come misura esiste solo per le C.i. e il loro concetto di semplificazione della realtà, per il mondo I.s. il tempo è identificato con la massa e il movimento.

È bene comprendere che il mondo I.s. è già presente in tutto l'universo, su ogni pianeta più o meno vitale, proprio per il mezzo che da sempre utilizza, ovvero l'evoluzione.

Chiaramente l'incoscienza sociale non può sapere di esistere, ma esiste ovunque, chi ha bisogno di trovarsi è chi non esiste e cerca di trovarsi cercandosi ovunque.

La spinta provolutiva non si fermerà, e ha già scardinato alcuni limiti dell'evoluzione di cui il fattore tempo era precursore.

La coscienza del tempo che passa, determina imminenza e azione apprensiva, per le C.i. sapere che si smetterà di manifestarsi sprona il movimento e la ricerca.

Cercare le prove in tutto l'universo della propria esistenza certifica con quale ansia le C.i. "non vivono" la propria condizione.

Le C.i. e l'Ansia esistenziale

Le C.i. da sempre pensano di esistere e per loro questo è un dato di fatto incontrovertibile, eppure subiscono l'ansia esistenziale con affermazioni tipo: "cosa farai da grande?", "non perdere tempo", "ricordati che la vita è una", "oggi ci sei domani, chissà!" e la più famosa "ricordati che devi morire!".

Ciò che identifica la coscienza è il valore Dubbio di cui ho accennato in precedenza.

Nel mondo I.s. il dubbio non esiste perchè non può porsi domande, se il maschio della Vedova Nera si chiedesse perchè sarà divorato vivo dalla femmina, l'evoluzione non esisterebbe come la conosciamo ora.

L'instillazione del Dubbio nelle C.i. provoca le guerre, le liti condominiali e l'accidia fino al caso limite della morte per inedia, quando è tale da bloccare il movimento, la scelta.

In religione il dubbio è sinonimo di mancanza di fede.

Il dubbio è parte integrante della coscienza ed è forse figlia della saturazione evolutiva, una risposta per "riduzione" a un collo di bottiglia evolutivo.

Le C.i. più consapevoli hanno più paura del dolore fisico che del momento della morte, nel mondo I.s. la morte è molto spesso violenta e dolorosa, ma il fatto che non esista il concetto di accettazione o ribellione, rende la vita, la morte, il dolore, il piacere, il bene, il male tutti sinonimi.

Nessun dubbio, nessuna domanda, pura esistenza.

Le C.i. hanno dubbi, domande, bisogno di risposte.

Questo le allontana dall'esistenza stessa, sia in senso materiale sia filosofico, e la provoluzione può alimentare la depressione emotiva che ne certifica il distacco.

La depressione emotiva da "ansia esistenziale" è un altro indizio che la C.i. non esiste.

Spero che voi giovani C.i. non vi dobbiate mai confrontare con una bestia così feroce come la depressione, chi lo ha fatto e ne è uscito vincitore, ne porta comunque i segni.

Armatevi quindi della consapevolezza che non "esistete", male non può fare.

Essere dubbioso fa parte della nostra condizione interiore, non possiamo eluderla e l'ansia di vivere che proviamo, nel tentativo di affermare la nostra esistenza, può essere usata per conoscerci da un punto di vista alternativo.

Le frasi "essere distaccati" o "vedere le cose in prospettiva" acquistano un significato più realistico se accettiamo che la coscienza non esiste.

È come liberarsi da un peso, i figli che avrete saranno il vostro corpo ma non avranno niente della vostra coscienza.

Non è facendo figli, che potrete lasciare in eredità qualcosa di voi, scrivere libri, dipingere quadri, comporre sonetti, sono esempi di mezzi di testimonianza transitiva più adatti, se davvero desiderate lasciare qualcosa ai posteri.

Qualche C.i. lascia imperi finanziari, altri aziende consolidate, altri semplicemente una casa ai figli.

Cosa appare evidente è che ogni C.i. lascia qualcosa che può essere ricondotta al concetto di "struttura".

Ogni volta che una C.i. muore lascia una parte di ciò che pensa di essere ma non è, e tutto può essere ricondotto a una forma diversa di "struttura".

Tutte le attività della coscienza hanno una "struttura formale" modellata sulla "sostanza materiale", ma la sostanza esiste, la forma no.

L'ansia esistenziale si nutre del fatto che le C.i. non riescono a riprodursi e a ogni nascita ricominciano tutto da capo, ma questa condizione potrebbe portare a un altro passo provolutivo.

Incredibilmente ogni C.i. potrebbe morire veramente nel caso la coscienza potesse trasferire la propria esperienza.

Ora, ogni volta che incontro un amico o incrocio lo sguardo di un bambino, riconosco la mia stessa C.i. formata con esperienze diverse ma con la stessa Coscienza strutturale, ma tutto cambierebbe se incontrassi una C.i. 2.0 che ricorda le sue esperienze precedenti.

Le C.i. 1.0 si estinguerebbero come l'uomo di Neanderthal.

Per il momento ogni C.i. è una struttura relativamente immortale che continua a rinascere ripetendo incessantemente processi provolutivi diversi per superare i propri limiti.

In questo l'evoluzione e la provoluzione hanno un punto di contatto.

Risposte possibili
a
Domande mai poste

Come nasce l'idea di scrivere un libro sulla coscienza?

L'idea era di scrivere un libro per il piacere di farlo, subito dopo venne la scelta dell'argomento.

Tutto si calamitò nella mia mente, dalle motivazioni, ai mezzi a mia disposizione nel trattare un argomento in cui avevo esperienza e di cui potevo scrivere.

Per esclusione, mi accorsi che era la stessa capacità di scelta a essere un argomento.

Il passaggio conseguente portava dritto alla coscienza e al suo significato.

Ma da questo a pensare che la coscienza non esiste, il passaggio è così breve?

La stessa capacità che ognuno di noi ha di scrivere e comunicare, di scegliere tra un no e un sì o di fare una cosa invece di un'altra, mi ha portato a chiedermi non solo chi ero ma come "funzionavo", le domande nella mia mente aumentavano invece di diminuire, le risposte che riuscivo a elaborare sembravano logiche e definitive, ma poi altre domande insinuarono il dubbio dell'esistenza della mia coscienza, e il dubbio stesso era diventato l'unica risposta.

Se la coscienza non esiste sul piano fisico come può non esserci un impatto destabilizzante sul piano pratico?

Io penso che una risposta possibile sia la considerazione, che la coscienza funziona in modo bidirezionale e la mente in modo unidirezionale nei confronti di una cosa che non esiste e non è percepita, un po' come un virus nel computer.
La coscienza fa delle scelte che impone alla nostra mente animale che non è in grado di rispondere positivamente o negativamente, le implementa e basta.
Una mente animale funziona per stimoli sia interni, che esterni, ma non è in grado di estrapolarli dal contesto di causa ed effetto.

Anche il grado d'intelligenza è condizionato alle leggi evolutive.

In questo ambiente, si frappone l'intelligenza cosciente o più precisamente il suo "mascheramento" virus.

La coscienza fa sembrare più intelligente il nostro cervello animale ma in realtà i processi di elaborazione sono identici a quelli di altre specie.

La coscienza ha colonizzato il cervello ominide e ha sostituito gli impulsi mentali incoscienti con i propri, fino a farlo diventare l'homo sapiens - sapiens che riconosciamo.

Incredibilmente se la coscienza smettesse di manifestarsi, l'homo sapiens - sapiens si dimostrerebbe, per atrofia, la bestia più stupida del pianeta e si estinguerebbe rapidamente, non avendo il tempo di riadattarsi alle condizioni evolutive.

Presupponendo che la coscienza non esista, cosa potremmo o dovremmo fare di diverso rispetto a prima?

Nulla... le implicazioni riguardano solo la nostra percezione della realtà e nella pratica la nostra capacità di equilibrio interiore.

Per quello che penso io, ed ho argomentato, posso dire che, ad esempio, non ho "fede nel Creatore".

Ho la certezza che il "Creatore esiste" e non sento il "bisogno" di credere in nessuna istituzione religiosa.

Tra l'altro, ciò che tante C.i. credono sulla manifestazione di Dio incarnato o sue testimonianze ascetiche, risultano ininfluenti per me, ovvero non tolgono né aggiungono niente, alla mia convinzione dell'esistenza del Creatore.

Se proprio dovessi indicare un orientamento d'intenti, consiglierei a ogni giovane C.i. di ragionare con la propria coscienza senza preconcetti e tornare a esplorare tutte le cose che si danno per scontate, tenendo conto della nostra "non esistenza".

Molti scienziati sono già impegnati su questi temi, ma questo testo cosa aggiunge alla ricerca in corso?

Questo è solo un libro che cerca di evidenziare punti di approfondimento... in parte è provocatorio, ma comunque è scritto in modo discorsivo e semplice evitando di apparire semplicistico.

Non ho volutamente fatto riferimenti a testi e tesi di autorevoli firme da cui avrei potuto trovare appoggio o contrasto... lo spirito del libro è spronare alla ricerca di se stessi e di crescere in consapevolezza.

Come può l'affermazione che la coscienza non esiste, aiutare le persone a vivere meglio?

Le due cose non sono collegate da causa ed effetto.

Cercare di provare che la coscienza non esiste, permette di esplorarne l'origine da più punti di vista.

La felicità, come altri traguardi, potrebbe essere messa più a fuoco, da uno di questi punti.

Quali possono essere le conclusioni da trarre su un argomento così complesso, come la teoria dell'inesistenza della coscienza?

Difficile rispondere... si tratta di tanti piccoli indizi che devono essere valutati singolarmente e complessivamente.

Le ricadute della teoria sulla realtà, possono modificare solo il metodo di approccio ai temi, affrontati dalla coscienza, non i risultati.

La coscienza appare legata fortemente alla sua provenienza, molte C.i. ritengono di discendere dal divino e quindi all'origine dell'esistenza.

Altre C.i. pensano che una volta morti è finito tutto e non si torna indietro.

Cercare altri percorsi concettuali favorisce la scoperta dei processi che possono circoscrivere l'identità, ovvero, la natura del dubbio, da cui scaturisce ogni posizione esistenziale delle singole C.i.

In matematica il valore dubitativo non esiste, quello che gli si avvicina di più è il valore random o casuale.

In realtà il valore random è ancora potenzialmente scalabile perchè generato fisicamente da un chip e dal suo orologio interno (clock di macchina).

Tramite l'ingegneria inversa, a livello teorico, il processo random può essere riprodotto.

Il valore dubitativo si può immaginare come un nuovo numero, fuori dalla scala decimale, fuori dagli schemi, lo chiamo Phantom (fantasma).

Se la coscienza ha una radice, phantom potrebbe essere la chiave per identificarla in una struttura matematica.

Ho già accennato che i numeri primi tendono a essere collegati in qualche modo all'utilizzo del numero zero.

È bene ricordare che il sistema decimale è un sistema semplificato, probabilmente implementare il numero phantom renderebbe più completa la comprensione della matematica avanzata.

Naturalmente il phantom è un numero puramente speculativo.

Capisco che queste ultime affermazioni sono molto ostiche, per tornare a un argomento più semplice, riaccenno alle scelte che hanno le C.i. di preoccuparsi di più del nostro corpo o più del nostro ente, la Coscienza.

In linea di massima più una C.i. si occupa del proprio corpo, più le altre C.i. comprendono e condividono.

Quando una C.i. si occupa della Coscienza, le altre C.i. contrastano e si frammentano, dimostrando perfettamente la loro natura individuale.

Non solo in politica ma anche nei rapporti personali le parole sono usate per affermare le proprie idee e non per affermarle e basta.

Le idee e le opinioni sono tutte personali, se possono avere un valore monetario, di posizione o politico.

Diventano comuni e condivisibili, solo quando per la C.i. perdono di interesse personale.

Quest'atteggiamento si è fatto sistema con tutti i beni materiali, non esiste niente sul pianeta che non sia stato prezzato, ma sempre di più, il cosiddetto mercato, s'interessa a prezzare le attività mentali e comportamentali delle persone.

Esiste la saturazione evolutiva, ma i processi di saturazione provolutiva vanno approfonditi per comprendere come e quando potranno manifestarsi segnali di conflitto tra i nostri corpi e le C.i.

Finora la provoluzione ha lavorato anche per i nostri corpi, qualora si spingesse oltre, molte C.i. potrebbero scegliere di schierarsi con l'evoluzione aprendo scenari assolutamente inediti.

Da guerre gestite dalle C.i. tra diversi corpi, a guerre gestite tra diverse C.i. per gli stessi corpi.

Allucinante vero!?

Buona coscienza a tutti... e studiatevi!

SOMMARIO

Ringraziamenti:

dedicato a tutti coloro che mi
supportano e a quelli che mi
sopportano

www.ingramcontent.com/pod-product-compliance
Lightning Source LLC
Chambersburg PA
CBHW060516290526
45791CB00001B/403